Université de France.

ACADÉMIE DE STRASBOURG.

ACTE PUBLIC

POUR LA LICENCE,

PRÉSENTÉ

A LA FACULTÉ DE DROIT DE STRASBOURG,

ET SOUTENU PUBLIQUEMENT

le samedi 15 février 1845, à midi,

PAR

JEAN-ÉTIENNE-CHARLES FAURE,

DE PRIVAS (DÉPARTEMENT DE L'ARDÈCHE).

STRASBOURG,

IMPRIMERIE DE G. SILBERMANN, PLACE SAINT-THOMAS, 3.

1845.

A MON PÈRE ET A MA MÈRE,

Amour et reconnaissance.

A MES AMIS,

Amitié et dévouement.

CH. FAURE.

FACULTÉ DE DROIT DE STRASBOURG.

—— •◦• ——

M. Rauter, doyen.

M. Hepp, président de l'acte.

Examinateurs.
MM. Hepp,
Heimburger,
Thierriet,
} professeurs.

Eschbach, professeur suppléant.

JUS ROMANUM.

DE COMMODATO.

Quatuor contractus rei traditione contrahuntur, inde reales vocantur, ii sunt mutuum, depositum, pignus et tandem commodatum de quo discertare debemus.

Commodatum est contractus quo quis, corpus certum alicui gratuito præbet ad quemdam usum et determinatum tempus, sub conditione rei in specie commodanti, lapso tempore statuto et usu finito, reddendæ.

Hic contractus a precario differt in eo quod precarium, usu et tempore ad quæ res commodata sit, non determinatis fit : ita qui rem precarii titulo præbuit, illam quando vult repetere potest, dum commodans ante statutum tempus repetere nequit.

A mutuo præsertim differt, in eo quod, mutuum constat rebus quæ usu pereunt, ut vino oleo, dum commodatum rebus quæ usu non consumuntur, ut equo, vasibus et aliis similibus perficitur.

Haud per mortem commodantis aut commodatarii sed tantum per lapsum temporis a commodante concessi finem accipit commodatum.

Videndum quæ res in hunc contractum deduci possint ?

Commodare possumus non solum mobiles, sed etiam immobiles, ut habitationem. Commodare rem alienam, qui non dominus est potest. Rem furtivam latro commodare potest, commodati actionem adquirit, cum rem à se raptam commodat. Non potest commodari id quod usu consumitur, nisi fortè ad pompam vel ostentationem quis accipiat; sæpè etiam ad hoc commodantur pecuniæ, ut dicis gratia nunc rationis loco ostendantur (Domat).

1

Commodatum rei suæ esse non potest. Igitur si quis rem mihi commodaverit, ignorans illam esse meam commodati actionem non adquirit.

Eea quæ contrà leges constitutiones que vel contrà bonos mores commodantur, nullam vim habere indubitati juris est.

DE TRADITIONE REI, DE GRATUITATE COMMODATI ET DE OBLIGATIONIBUS COMMODATARII.

In hoc contractu intervenire debet traditio; sine illâ non videre possumus commodatum. Interest parum sit vera, seu ficta, seu symbolica.

Commodata autem res tunc proprie intelligitur, si nullâ mercede acceptâ vel constitutâ, res tibi utenda data est; alioquin, mercede interveniente, locatus tibi usus rei videtur; gratuitum enim debet esse commodatum. Quod non impedit ut commodatum sit utilitati et illi qui commodat et illi qui commodatum accepit, veluti si communem amicum ad cœnam invitaverimus, tu que ejus rei curam suscepisses, et ego tibi argentum commodaverim (L. 18, D. XIII, 6).

Sæpè quidem commodatum fit ad solam commodantis utilitatem, ut putà si quis ità convenit : vel si suâ duntaxat causâ commodavit, sponsæ fortè suæ, vel uxori, quo honestiùs culta ad se deduceretur; vel si quis ludos edens prætor scenicis commodaverit. In his duobus exemplis commodatarius solummodò tenetur de dolo (L. 5, D. XIII, 6).

Rei commodatæ et possessionem et proprietatem retinemus, in eo adhùc commodatum a mutuo differt, nemo enim commodando rem facit ejus cui commodat.

In rebus commodatis talis diligentia præstanda est, qualem quisque diligentissimus pater familias suis rebus adhibet, ità ut tantum eos casus non præstet quibus resisti non possit ut dixit Gaius, et Ulpianus dedit nobis rationem sic : commodatum autem plerumque solam utilitatem continet ejus cui commodatur, et ideo verior est Quinti Mucii sententia, existimantis et culpam præstandam et diligentiam.

Custodiam planè commodatæ rei etiam diligentem debet præstare, et si fortè res perit incedio altero ve casu fortuito non tenebitur commodatarius , nisi fortè , cum possit res commodatas salvas facere suas præstulit; idem erit si res æstimata data sit, omne periculum præstandum ab eo qui æstimationem se præstaturum recepit.

Si res commodata suo facto in ipso usu pereat, non tenetur commodatarius : si commodavero tibi equum, quo uteris usque ad certum locum : si nullâ culpa tuâ interveniente, in ipso itinere deterior equus factus sit : non teneris commodati; nam ego in culpâ ero, qui in tàm longum iter commodavi, qui eum laborem sustinere non potuit. Quid si res deterior facta est ab altero homine sine culpâ commodatarii? Julianus nobis docet his verbis : ad eos, qui servandum aliquid conducunt, aut utendum accipiunt, damnum injuria ab alio datum non pertinere, procul dubio est : qua enim cura aut diligentia consequi possumus , ne aliquis damnum nobis injuria det?

Usquè adeo diligentia in re præstanda est, ut etiam in eâ, quæ sequitur rem commodatam, præstari debeat : ut putâ equam tibi commodavi, quam pullus comitabatur; etiam pulli te custodiam præstare debere, veteres responderunt.

De casu tenetur commodatarius si propter periculum ità convenerit. Ea quidem quæ vi majore auferuntur, detrimento eorum quibus res commodantur imputari non solent sed : quùm is qui a te commodari sibi bovem postulabat, hostilis incursionis contemplatione periculum amissionis, ac fortunam futuri damni in se suscepisse proponatur, præses provinciæ, si probaveris eum indemnitatem tibi promisisse, placitum conventionis implere eum compellet (L. 1, Cod. de commod.).

Lapso tempore, commodatarius rem restituere debet, nec illam aut ut ad commodantem non pertinentem, aut ut suam compensationis titulo effectam retinere valet; rem enim alienam quis commodare potest et compensationi nunquam locus est in commodato.

1.

QUIBUS ASTRINGITUR QUI COMMODAT.

Ille qui libenter rem aliquam commodaverit non auferre potest, nisi post usum conventum. Debet impensas commodatario, propter rem commodatam, si viciosa erat quando commodans dedit illi. Si ille qui rem commodat illam viciosam esse sciebat, damno tenetur. Qui sciens vasa vitiosa commodavit, si ibi infusum vinum vel oleum corruptum effusumve est, condamnandus est eo nomine (L. 18, D. XIII, 6).

INTER QUAS PERSONAS CONTRAHI POSSIT COMMODATUM NEC NE.

Non in furiosum commodati actio danda est etiam si fit locupletior, sed ad exhibendum adversus eos dabitur ut res exhibita vindicetur.

Impuperes commodati actione non tenentur nisi facti locupletiores sint : quoniam nec constitit commodatum in pupilli persona sine tutoris autoritate : usque ad eo ; ut, etiam si pubes factus dolum aut culpam admiserit, hac actione non tenetur quia ab initio non constitit.

DE ACTIONE DIRECTA ATQUE CONTRARIA.

Commodatum est contractus synallagmaticus, id est ex utrâ que parte obligationem generans, et actio quæ ex hoc contractu nascitur, est directa vel contraria.

In actione directâ actor petit, ut reus ad restitutionem equi vel cujuslibet rei haud fungibilis quam illi commodavit, nec non ad impensa et ad omnia quorum suâ interest, damnetur.

In actione contraria a commodato ex post facto oriente, actor postulat ut reus ad omnia impensa ad conservationem rei necessaria, restituenda judicio cogatur, impensa autem sine quibus re uti nequeant, ut cibaria equi, repeti non possunt.

DROIT CIVIL.

DU COMMODAT OU PRÊT A USAGE.

Le commodat ou prêt à usage est un contrat par lequel l'une des parties livre gratuitement à l'autre une chose pour s'en servir à un certain usage, à la charge par le preneur de la rendre après s'en être servi (art. 1875).

On nomme *prêteur* celui qui donne la chose, et *emprunteur* celui qui s'en sert.

CHAPITRE PREMIER.

Nous diviserons ce chapitre en trois sections ; dans la première nous traiterons de la nature du prêt à usage, et dans les deux autres des choses qui peuvent être la matière du prêt à usage et des personnes entre lesquelles il peut intervenir.

SECTION PREMIÈRE.
DE LA NATURE DU PRÊT A USAGE.

Le prêt à usage n'existe que par la livraison de la chose ; la convention par laquelle il serait dit que je vous prêterai des armes le mois prochain, ne serait point un commodat. Le prêt ayant pour but l'usage de la chose, ce prêt est impossible tant que l'objet n'est pas remis à celui qui doit s'en servir.

Il a aussi pour effet d'obliger l'emprunteur à restituer la chose ; or, cette restitution ne peut avoir lieu s'il n'y a pas une chose confiée. Nous dirons donc que le commodat est un de ces contrats que la doctrine nomme contrats réels, c'est-à-dire qui, outre le consentement requis pour les contrats consensuels, exigent encore, pour être parfaits, la remise d'une chose.

La tradition peut être réelle, symbolique ou fictive.

Ainsi, si l'emprunteur détenait déjà la chose, le simple consentement du maître, à ce qu'il en usât à titre de prêt à usage, opérerait une tradition suffisante.

Le commodat existe quand même la chose n'aurait pas été remise à l'emprunteur ; il suffit qu'elle ait été donnée à quelqu'un ayant pouvoir de la recevoir pour lui. Le prêteur lui-même peut la faire donner par un tiers.

L'emprunteur ne recevant la chose prêtée que pour s'en servir à l'usage pour lequel elle lui est prêtée, il s'ensuit qu'il n'est que détenteur ; par conséquent, le prêteur conserve sur sa chose tous ses anciens droits.

Le consentement des parties doit intervenir dans ce contrat comme dans tous les autres, 1° sur la chose prêtée, 2° sur l'usage pour lequel elle est prêtée, pourvu qu'elle ne soit contraire ni aux lois ni aux bonnes mœurs. Ainsi je puis très-bien vous prêter, à titre de commodat, mon cheval de selle pour labourer vos terres. Le prêt que je vous fais de mes bijoux pour les donner en gage à votre créancier, constitue aussi un véritable prêt à usage, mais il n'en serait point ainsi, si, à votre prière, je les avais donnés moi-même à votre créancier en nantissement de votre dette : ce serait plutôt un contrat de mandat qu'un prêt à usage (L. 5, § 12, ff., *commodati;* Pothier, *Traité du prêt à usage,* n° 2).

Le prêt à usage est essentiellement gratuit (art. 1876). Cette condition est tellement de son essence, qu'il n'y a plus commodat dès qu'il y a stipulation d'un prix. Si le prix consiste en une somme d'argent, le contrat devient un louage; s'il consiste en toute autre chose, par exemple, si je vous prête ma voiture pour tel voyage, à charge par vous de me prêter la vôtre, il y a contrat sans nom particulier, mais tenant plus du louage que du commodat, et pour lequel les Romains donnaient l'action *præscriptis verbis*.

Quoique le prêt à usage soit essentiellement gratuit, il n'est cependant pas impossible qu'il ait lieu pour l'avantage des deux parties contractantes; tel est le cas où, voulant, vous et moi, donner à dîner à un grand de la terre, notre protecteur à tous deux, je vous prête ma vaisselle d'argent pour le recevoir chez vous, où vous devez nous traiter tous les deux.

Le prêt est aussi quelquefois fait dans l'intérêt du prêteur. Souverain d'un État, je donne des jeux au peuple pour fêter mon avénement au trône; je prête des objets de prix aux acteurs. Dans ce cas, l'emprunteur ne répond que de son dol.

Les engagements qui se forment par le commodat, passent aux héritiers du prêteur et de l'emprunteur (art. 1879), à moins que le prêt n'ait été fait qu'en considération de la personne. Cette décision n'est qu'une application formelle de l'art. 1122, qui porte qu'on est censé avoir stipulé pour soi et pour ses héritiers et ayant-cause, à moins que le contraire ne soit exprimé ou ne résulte de la nature du contrat. *Qui contrahit sibi, hæredi suo contrahit.*

SECTION II.

DES CHOSES QUI PEUVENT ÊTRE LA MATIÈRE DU PRÊT A USAGE.

Tout ce qui est dans le commerce et qui ne se consomme pas par l'usage, peut être l'objet d'un commodat (art. 1878). Les meubles et les immeubles peuvent donc être l'objet de ce contrat. Je puis fort bien vous prêter ma montre, mon habit, mon cheval, comme mon grenier, ma cave, etc. Cependant les meubles en font plus communément l'objet; mais le commodat ne saurait exister sur les choses qui se consomment par l'usage, comme l'argent monnoyé, le blé, etc.; car il est de la nature de ce contrat que celui à qui la chose est prêtée, s'oblige à la rendre *in individuo*, après qu'il s'en sera servi.

Cependant il peut arriver qu'elles puissent quelquefois faire l'objet d'un commodat : c'est le cas où elles sont prêtées *ad ostentationem*. Ainsi, des receveurs infidèles, ayant diverti des sommes d'argent de leur caisse, empruntent de leurs amis des sacs d'argent, lorsqu'ils savent qu'on doit venir visiter leur caisse, pour la faire paraître remplie, et les rendent *in individuo* après l'inspection.

Comme il faut que la chose soit dans le commerce, il suit de là que celles dont les lois prohibent l'aliénation et le commerce, sont nulles; par exemple, les livres immoraux, les images licencieuses. Mais par cela qu'une chose se trouve dans le commerce, il peut arriver cependant qu'elle ne puisse donner lieu à un commodat : c'est le cas où un individu prête une arme à un malfaiteur pour commettre un crime; la loi, loin d'accorder au prêteur une action, le regarde et doit le regarder comme complice. *Pacta quæ contra leges constitutionesque, vel contrà bonos mores fiunt nullam vim habere indubitati juris est (L. 6, cod. de pactis).*

SECTION III.

DES PERSONNES ENTRE LESQUELLES PEUT AVOIR LIEU LE COMMODAT.

Comme dans tous les contrats, le commodat ne peut avoir lieu qu'entre personnes capables de contracter; cependant, comme le prêt à usage ne constitue pas une aliénation, l'incapacité de le former est moins étendue que pour beaucoup d'autres contrats.

Il est certain que les femmes, les mineurs et même les interdits peuvent recevoir à titre de commodat. Les personnes capables ne peuvent opposer l'incapacité de ceux avec qui elles se sont engagées; elles ne peuvent se refuser à payer les dépenses faites pour la conservation de la chose.

Le mineur, la femme mariée, l'interdit, doivent rendre la chose, non à cause des obligations qui naissent du commodat, mais à raison de l'équité naturelle qui ne permet pas qu'on s'enrichisse aux dépens d'autrui. *Jure naturæ æquum est, neminem, cum alterius detrimento, fieri locupletiorem.*

Argumentant de l'art. 1310, le mineur *jam capax doli*, qui aurait détruit ou déprécié la chose, avec intention de nuire, serait tenu, je crois, de cette perte ou détérioration, lors même qu'il n'en aurait tiré aucun avantage. Il en est de même de la femme mariée. Cependant la femme séparée de biens peut très-bien faire un commodat; quant à l'interdit, il ne le peut nullement.

Quant au mineur émancipé, nul doute qu'il ne puisse former un commodat valable, car ayant le droit de faire les actes d'administration prescrits par l'art. 481, il est clair que le prêt à usage qu'il formerait serait regardé comme un acte d'administration. Je crois qu'il en doit être de même de celui à qui le juge a donné un conseil judiciaire, dans le cas où il aurait contracté sans l'ordre de son conseil.

CHAPITRE II.

DES ENGAGEMENTS DE L'EMPRUNTEUR.

L'emprunteur est tenu :

1° De veiller en bon père de famille à la garde et à la conservation de la chose prêtée (art. 1880);

2° De ne s'en servir qu'à l'usage déterminé par sa nature ou par la convention, et seulement pendant le temps convenu, expressément ou tacitement;

3° De rendre cette chose.

Obligation de veiller.

Le caractère de bienfaisance et de désintéressement attaché au prêt à usage, impose à l'emprunteur l'obligation de veiller en bon père de famille à la garde et à la conservation de la chose. Il doit y apporter des soins semblables à ceux que l'homme le plus attentif a coutume d'apporter à ses propres affaires (voy. Pothier, n° 48).

Ce principe reçoit exception dans les deux cas suivants :

1° Lorsque contre l'ordinaire, le prêt est fait dans l'intérêt des deux parties contractantes. Dans ce cas l'emprunteur n'est tenu d'apporter que les soins qu'il apporte ordinairement à ses propres affaires.

2° Si les parties s'étaient obligées à ne rien faire pour la conservation de la chose, l'emprunteur ne répondrait que de son dol et de sa mauvaise foi.

Hors ces deux cas, l'emprunteur doit veiller avec le plus grand soin à la conservation de la chose. D'où il suit, que si on lui vole l'objet prêté, il doit en répondre ; car le plus souvent le simple vol arrive par le défaut de soin et de précaution. Il peut cependant arriver que la chose prêtée soit dérobée sans qu'il y ait faute de la part de l'emprunteur ; dans ce cas il en est déchargé. Il ne répond pas non plus de la force majeure. Toutefois, l'appréciation des soins que l'emprunteur doit apporter à la garde de la chose, est abandonnée à l'arbitrage des juges, et leur jugement n'étant, dans tous les cas, qu'une appréciation de faits, le recours en cassation ne pourrait avoir lieu.

Cependant, si la chose est venue à périr ou a été volée depuis que l'emprunteur était en demeure de la rendre, il répond alors même de la perte arrivée par cas fortuit, à moins que la chose n'eût dû périr également chez le prêteur, si elle lui avait été rendue (art. 1302). Il faut observer que si l'emprunteur ne rend pas l'objet au jour indiqué par la convention, il est censé se mettre lui-même en demeure (*Dies pro homine interpellat*).

Il doit encore rendre la chose au lieu où il l'a reçue, sauf stipulation contraire.

Si la chose a été estimée en la prêtant, l'emprunteur doit répondre même du cas fortuit ; on peut cependant stipuler le contraire (art. 1883).

Au reste, l'estimation donnée à l'objet n'en confère pas la propriété à l'emprunteur, elle sert seulement à fixer les dommages et intérêts qui pourraient être dus, dans le cas de perte ou de dépréciation de la chose prêtée.

De ce principe il résulte que si la chose existe encore entre les mains de l'emprunteur qui se trouve en faillite ou en déconfiture, le prêteur pourra se la faire rendre en nature, au lieu que si l'estimation valait vente, il viendrait par contribution avec les autres créanciers.

Ici se présente la question de savoir si, dans le cas où l'emprunteur, par légèreté ou par insouciance de caractère, n'est pas capable de ce soin exact, on a cependant droit de l'exiger de lui. Pour la négative, on répond que personne n'est tenu à l'impossible (*impossibilium nulla obligatio est*). Mais pour l'affirmative qui nous semble préférable, nous dirons que la règle, que personne n'est tenu à l'impossible, n'est juste qu'à l'égard de ce qui est tout à fait impossible, et non de ce qui étant possible en soi, est seulement impossible à celui qui s'y est témérairement obligé. Au reste, il nous semble qu'on doit avoir égard à la qualité de la personne qui emprunte, pour régler l'étendue des soins qu'on doit apporter à la conservation de la chose prêtée ; c'est ainsi qu'on ne pourrait exiger de l'écolier à qui on prête un cheval, les mêmes soins que d'un écuyer (Pothier, n° 49. Dumoulin, dans son Traité *De eo quod interest,* n° 185).

L'emprunteur est tenu d'apporter tous ses soins, non-seulement à la chose principale, mais encore à l'accessoire de cette chose. Par exemple : Si c'est une jument qui a un jeune poulain, qui le suit encore, l'emprunteur doit veiller à ce qu'il n'éprouve aucun dommage. *Usquè adèo diligentia in re commodata præstanda est, ut etiam in ea, quæ sequitur rem commodatam, prestari debeat: ut putà, equam tibi*

2.

*commodavi, quam pullus comitabatur ; etiam pulli te custodiam præs-
tare debere, veteres responderunt* (L. 5, § 9, ff. *commod.*).

Puisque l'emprunteur doit apporter le plus grand soin à la chose
prêtée, il suit de là que si elle vient à périr, même par cas fortuit
dont il aurait pu la sauver en sacrifiant la sienne, il répond de la
perte (art. 1882). Tel est le cas où le cheval de Paul succombe dans
un voyage que je savais dangereux, pour lequel je le lui avais emprunté, en prétextant que le mien était dans un état de maladie qui
m'empêchait de m'en servir. Si j'avais connu la ruse, il est probable
que je n'aurais pas prêté mon cheval. La responsabilité qui m'est
imposée, est du reste fondée sur l'équité, et il est juste d'appliquer ici
la maxime : *Neminem æquum est cum alterius detrimento locupletari.*

Mais, si de bonne foi j'avais avoué en empruntant le cheval, que
je le faisais pour sauver le mien des risques du voyage, n'étant pas
assez riche pour m'en procurer un autre si je le perdais, mon ami
ayant en ce cas voulu exposer son cheval aux risques du voyage, je
ne serais pas obligé de l'indemniser ; c'est une générosité qu'il a bien
voulu exercer envers moi.

L'emprunteur répond encore du cas fortuit, lorsque pouvant sauver la chose du prêteur, il a préféré sauver la sienne. *Si incendio vel
ruina aliquid contigit, vel aliquod damnum fatale, non tenebitur, nisi
forte quum posset res commodatas salvas facere suas præstulit* (Ulpien,
L. 5, § 4, ff. *commodati*).

Vous m'avez prêté votre montre ; au moment où elle est dans le
salon avec la mienne, le feu prend dans la maison ; je ne puis sauver que l'une des deux ; je cours à la mienne, je la sauve, je serai
responsable de la perte de la vôtre ; c'est à juste titre, car pouvant sauver l'une ou l'autre (c'est là notre supposition), j'ai, en
préférant la mienne, contrevenu à l'obligation que m'impose le contrat de prêt à usage, d'apporter à la chose prêtée plus de soin qu'à
la mienne propre, ainsi je suis tenu du cas fortuit. Cette décision
paraît surtout incontestable lorsque la chose prêtée qui a péri, était

plus précieuse que celle que l'emprunteur possédait et qu'il a sauvée. En effet, dans ce cas on peut dire qu'il n'a pas agi en bon père de famille, car si les deux choses lui eussent appartenu, et qu'il eût pu sauver l'une ou l'autre, il n'aurait pas manqué de sauver la plus précieuse. Mais en serait-il de même, si la chose qui appartenait à l'emprunteur et qu'il a sauvée, était plus précieuse que celle qu'on lui avait prêtée et qu'il a laissé périr. Nous croyons qu'il en est encore responsable. Il est vrai qu'on ne peut lui imputer de n'avoir pas agi en bon père de famille, car si les deux choses lui avaient appartenu, il aurait sauvé la plus précieuse. Mais sachons que l'emprunteur doit à la chose prêtée plus de soin qu'à la sienne propre, car enfin il n'y pas ici force majeure dans le sens large du mot, puisque l'emprunteur pouvait sauver l'une ou l'autre.

Au reste, à l'appui de cette opinion, nous pouvons citer l'art. 1882, qui dit : « Que si, ne pouvant conserver que l'une des deux « choses, l'emprunteur a conservé la sienne, il est tenu de la perte « de l'autre. »

Cependant, si dans l'incendie, tandis que tout est dans le tumulte, l'emprunteur qui aurait pu à la rigueur sauver l'objet prêté et qui était de peu de valeur, sauve des papiers dont dépend peut-être sa fortune, de préférence à un objet de vil prix, je pense avec M. Duranton que la rigueur de l'art 1882 devrait ne pas être pris à la lettre, car on peut dire ici qu'il y a force majeure à laquelle il a été impossible de résister, ce qui l'affranchit de la perte. *Is qui utendum accepit, si majore casu cui humana infirmitas resistere non potest, veluti incendio, ruinâ, naufragio rem amiserit, securus est* (Gaius, L. 1, § 14, ff., *De oblig. et act.*).

Obligation de ne se servir de la chose qu'à l'usage déterminé par la convention, et seulement pendant le temps convenu soit expressément, soit tacitement.

L'emprunteur ne doit se servir de la chose qu'à l'usage déterminé par sa nature ou par la convention, et seulement pendant le temps convenu expressément ou tacitement, car l'emprunteur tenant son droit de la bienveillance du prêteur, doit, nous le répétons, renfermer strictement l'usage qu'il fait de la chose, dans les limites qui lui sont tracées ; à défaut de convention, il est tenu de l'employer suivant sa destination : par exemple, si je vous prête un cheval de selle, vous ne pourrez le mettre à la voiture ; dans ce cas vous répondriez du cas fortuit.

L'emprunteur est encore responsable de la chose arrivée par cas fortuit, lorsque ce cas fortuit a été amené ou même simplement occasionné par une faute de sa part : par exemple, vous me prêtez votre mulet pour aller à la campagne d'un ami, deux chemins y conduisent, l'un sûr et fréquenté, l'autre plus court, mais couvert de dangers ; le cheval bronche, il tombe dans un précipice : j'en suis responsable. Mais la perte serait pour le prêteur, s'il avait consenti à me laisser prendre cette direction.

La même responsabilité pèse sur celui qui se sert de la chose pendant un temps ou à un usage plus long que celui pour lequel elle lui a été prêtée (art. 1881). Ainsi, je vous emprunte votre cheval pour quinze jours ; je le conserve vingt-cinq, ou bien je vous l'emprunte pour faire un trajet de cinq lieues, j'en parcours huit ; je suis responsable de sa perte ou de sa détérioration arrivée même par cas fortuit et sans faute de ma part, pendant l'un ou l'autre de ces excédents d'usage. Dans cet exemple, comme dans bien d'autres analogues, quoique la chose n'eût point péri, ni éprouvé de dégradation, l'emprunteur pourrait, suivant les circonstances, être condamné envers le prêteur à des dommages-intérêts (art. 1880), eu égard au temps pendant lequel il s'en est indûment servi. Telle est l'opinion de Pothier. Cependant, ajoute cet auteur, si l'emprunteur avait un juste sujet de croire que le prêteur y consentirait, l'emprunteur ne serait passible d'aucune faute. Ainsi, je vous emprunte votre cheval pour aller en telle ville. Arrivé là, une affaire

imprévue m'appelle plus loin. Je puis, pense cet auteur, licitement
m'en servir pour aller jusqu'au lieu où m'appelle cette nouvelle
affaire, si les relations d'amitié que j'ai avec vous et la connaissance
que j'ai de votre caractère, me donnent lieu de croire que vous ne
me l'auriez pas refusé pour cet excédent d'usage. Mais, ajoute le même
auteur : « Il faudrait décider autrement, si, lorsque j'ai emprunté le
« cheval pour aller en telle ville, je savais déjà que je pourrais en
« avoir besoin pour aller plus loin et que je ne l'ai pas déclaré au
« prêteur ; parce que, dit-il, cette réticence prouve que je n'étais
« pas bien assuré qu'il eût voulu me le prêter pour aller plus loin. »

Ce dernier point ne peut donner lieu à discussion. Mais M. Duranton regarde la première décision comme fort douteuse sous
l'empire de notre Code.

Les partisans du premier système ne fondent leur décision que
sur deux suppositions d'intention ; celle que le prêteur aurait consenti à prêter la chose pour ce surcroît d'usage, et celle, qui est
non moins incertaine encore, que l'emprunteur n'était point de
mauvaise foi et qu'il ignorait, en empruntant la chose, en avoir
besoin pour un usage plus long. Ce sont là des suppositions gra-
tuites qu'il serait souvent impossible de constater dans la pratique.
De plus la manière formelle sans restriction, ni modification dont
l'art. 1881 est rédigé, et ces paroles de M. Bouteville, « que sur une
« question difficile, il est aussi naturel que juste de décider en fa-
« veur du prêteur, » me portent non-seulement à adopter le doute de
M. Duranton, mais même à penser que l'avis de Pothier ne peut
point être admis sous l'empire de notre législation.

Obligation de rendre la chose.

L'emprunteur est tenu de rendre la chose au prêteur après l'ex-
piration du temps pour lequel elle lui a été prêtée. La chose est
censée rendue au prêteur lorsqu'elle est remise à un individu ayant
obtenu de lui le pouvoir de la recevoir.

Il faut observer que, si la personne qui a fait le prêt a changé d'état, l'emprunteur ne peut la lui rendre sans danger. C'est ce qui arrive, si, depuis le prêt que m'a fait une fille, elle s'est mariée, l'emprunteur n'est libéré qu'en la rendant au mari, à moins que l'objet prêté ne soit parvenu à celle qui a changé d'état. Il en est de même si le prêteur a été depuis le prêt interdit, soit pour cause de démence, soit pour cause de prodigalité ; c'est à son curateur que la chose doit être rendue.

Un fou, même avant qu'il soit interdit, est incapable de recevoir ce qui lui est dû ; il ne peut en décharger son débiteur. *Furiosus nullum negotium contrahere potest* (L. 5, ff. *de R.* 7). Si donc l'emprunteur connaissait la folie avant le jugement d'interdiction, il ne serait pas libéré en rendant l'objet au fou, si toutefois ce dernier l'avait perdu. Il en serait autrement, s'il avait ignoré la folie. Le prodigue, au contraire, peut recevoir jusqu'au jugement d'interdiction.

La chose prêtée doit être rendue au lieu fixé par la convention, ou à défaut de convention, après qu'elle aura servi à l'usage auquel elle est destinée.

Si depuis le prêt, le prêteur avait transféré sa demeure dans un lieu peu éloigné, l'emprunteur devrait la faire porter dans ce nouveau lieu, car celui qui reçoit un bienfait ne doit pas être écouté à chicaner son bienfaiteur.

Si la chose prêtée s'est détériorée par le seul effet de l'usage et sans faute de la part de l'emprunteur, celui-ci n'est pas tenu de la détérioration (art. 1884). Réciproquement, l'emprunteur doit supporter les dépenses qu'il a faites dans son propre intérêt, pour user de la chose ; par exemple, si vous me prêtez un cheval, je devrai le nourrir, l'entretenir de fers, etc. Quant aux impenses extraordinaires, elles sont à la charge du prêteur.

L'emprunteur ne peut, pour se dispenser de rendre la chose prêtée, opposer au prêteur qu'elle ne lui appartient pas. Le prêteur

peut toujours la réclamer, quand même il l'aurait volée, sauf cependant le cas où le véritable propriétaire l'aurait déjà réclamée. Si
cependant il ne l'avait pas encore fait, l'emprunteur devrait en aver-
tir ce dernier.

L'emprunteur ne peut pas non plus retenir la chose prêtée jusqu'au remboursement des impenses qu'il a faites pour la conserver.
Le Code donne bien cette faculté au dépositaire ; mais il ne contient
aucune disposition semblable à l'égard de l'emprunteur (Duranton,
n° 538). Cependant Pothier et M. Delvincourt professent l'opinion
contraire (voy. Pothier, n° 43 ; Delvincourt, p. 715).

L'emprunteur ne peut pas retenir la chose prêtée par compensation de ce que le prêteur lui doit (art. 1885). En effet, la loi, met-
tant la restitution au nombre des conditions essentielles du prêt à
usage, il est clair que l'emprunteur manquerait à l'obligation qu'il
a contractée, s'il retenait la chose par compensation de ce que le
prêteur lui doit. D'ailleurs, le prêt à usage a toujours pour objet un
corps certain ; or, l'art. 1271 nous dit que la compensation légale
n'est point applicable aux dettes de corps certains. L'emprunteur
n'aurait que le droit de poursuivre sa créance.

Mais qu'arriverait-il si la chose avait péri par la faute de l'emprunteur, et que ce dernier fût tenu de rendre le prix ? pourrait-il com-
penser ? Pothier et M. Duranton sont de cet avis, parce que, disent-
ils, la dette s'est convertie en une dette de dommages et intérêts,
liquidés à une somme d'argent. M. Delvincourt professe l'opinion
contraire, par la raison, dit-il, « que le commodat étant un pur
« contrat de bienfaisance de la part du prêteur, il serait injuste de
« faire tourner contre le prêteur le service qu'il a voulu rendre ; ce
« qui arriverait si l'emprunteur pouvait, sous le prétexte qu'il a des
« créances à exercer contre le prêteur, le priver de sa chose au delà
« du terme fixé par la convention. Or, il y a parité de motif dans le
« cas proposé. Le prix représente ici la chose ; il est donné au prê-
« teur pour qu'il puisse s'en procurer une pareille. Si la compensation

3

« peut lui être opposée , il faudra donc qu'il soit privé de sa chose ,
« ce qui serait contre l'équité et contre l'intention du législateur. »

Les raisons que donne M. Delvincourt doivent, ce me semble ,
l'emporter sur celles de Pothier et de M. Duranton.

Si plusieurs ont conjointement emprunté la même chose , ils en
sont solidairement responsables envers le prêteur (art. 1888). Il n'en
est pas de même s'il y a plusieurs prêteurs; ceux-ci ne doivent les
dépenses faites pour la conservation de la chose qu'eu égard à la
part qu'ils ont chacun dans l'objet.

L'action naissant du contrat de prêt , dure trente ans; mais l'emprunteur n'aura pas acquis, par ce laps de temps , la propriété de
la chose; car ceux qui possèdent à titre précaire, ne prescrivent pas,
d'où il suit que si la chose existe encore après trente ans, le prêteur
pourra la réclamer en établissant sa propriété. Mais si la chose n'existe
plus , l'action en restitution se prescrit.

CHAPITRE III.

OBLIGATIONS DU PRÊTEUR.

Le prêteur ne contracte pas , comme le bailleur , l'obligation de
faire jouir ; mais il contracte l'obligation négative de n'apporter aucun trouble ni empêchement à l'usage de la chose ; d'où il suit que
s'il a prêté comme sienne une chose qu'il savait appartenir à un tiers,
et que le véritable propriétaire la réclame , l'emprunteur pourra exiger des dommages et intérêts du prêteur ; cela a lieu lorsque le prêt
a été fait de mauvaise foi ; mais si, ignorant, lors du prêt, que la chose
prêtée appartînt à un tiers, vous n'auriez aucun recours contre celui qui vous a prêté à usage; car il serait injuste que le bienfait de-
vînt préjudiciable au bienfaiteur.

Le prêteur ne peut retirer la chose prêtée qu'après le terme convenu , ou , à défaut de convention, qu'après qu'elle a servi à l'usage
pour lequel elle a été empruntée (art. 1888).

L'emprunteur n'étant obligé de rendre la chose qu'après le temps porté dans le contrat, ou, à défaut de temps exprimé dans le contrat, qu'après celui qui lui a été nécessaire pour l'usage pour lequel la chose lui a été prêtée, il s'ensuit que le prêteur ne peut la réclamer sans injustice; autrement il tromperait l'emprunteur qui a compté sur ce prêt, et qui aurait pu sans cela trouver la chose ailleurs, et cela quand bien même le prêteur se trouverait avoir besoin de sa chose.

Néanmoins, dit l'art. 1889, s'il survient au prêteur un besoin pressant et imprévu de sa chose, le juge peut, suivant les circonstances, obliger l'emprunteur à la lui rendre.

Cet article, dicté par l'équité, a tempéré la rigueur de l'art. 1888. Toutefois, pour que le prêteur puisse réclamer la chose avant l'échéance du terme, la loi exige qu'il ait un besoin pressant de cette chose, et que ce besoin n'ait pu être prévu. S'il a pu le prévoir, et qu'il n'ait fait aucune réserve, on rejettera sa demande.

Le juge doit même avoir égard au préjudice que la restitution pourra causer à l'emprunteur. S'il ne pouvait rendre la chose sans éprouver un grand dommage, on l'admettrait à fournir une chose semblable, dont le prêteur se servirait en attendant la restitution.

Ici se présente la question suivante : Le prêteur peut-il demander sa chose avant le terme convenu, si toutefois l'emprunteur s'en est servi à l'usage pour lequel la chose a été prêtée? Nous dirons avec Pothier que le prêteur en a le droit, car le but du contrat étant atteint, l'emprunteur ne peut retenir une chose qui lui est devenue inutile. Si ce dernier refuse de la rendre, le juge doit l'y contraindre.

Une autre espèce d'obligation que contracte le prêteur envers l'emprunteur, c'est celle de rembourser toutes les dépenses extraordinaires faites pour la conservation de la chose, car, comme nous l'avons déjà dit, la chose continuant d'appartenir au prêteur, c'est lui qui doit supporter ces impenses. Si donc l'emprunteur les a payées, il aura son recours contre le prêteur; quant aux impenses ordinaires, qui sont une charge naturelle du service que l'emprun-

3.

teur tire de la chose qui lui a été prêtée ; nous savons qu'elles sont à sa charge ; au reste, nous en avons déjà parlé en traitant des obligations de l'emprunteur.

Le prêteur contracte encore envers l'emprunteur l'obligation de lui donner avis des défauts de la chose prêtée lorsqu'il en a connaissance. *Qui sciens vasa vitiosa commodavit ; si ibi infusum vinum vel oleum corruptum effusum ve est, condemnandus eo nomine est* (L. 18, p. 3).

Enfin, lorsque l'emprunteur, ayant perdu par sa faute la chose qui lui avait été prêtée, en a payé le prix au prêteur, le prêteur, qui depuis a recouvré la chose, est obligé de rendre cette chose ou le prix. *Rem commodatam perdidi, et pro ea pretium dedi, deindè res in potestate tuâ venit. Labeo ait contrario judicio aut rem mihi præstare te debere, aut quod à me accepisti reddere* (L. 17, § 5, ff. commod.).

Il serait superflu de s'étendre plus longtemps sur un sujet dont les principes généraux sont ceux des obligations en général, et dont les règles spéciales sont posées avec une parfaite netteté dans la loi elle-même. Rien ne prouve mieux combien cette matière est peu féconde en difficultés que la pénurie des monuments de jurisprudence qui se réduisent, je crois, à un seul arrêt.

La disposition portant qu'il doit être passé acte de toutes choses excédant la valeur de 150 fr., est inapplicable dans le cas d'un simple prêt à usage : ce prêt peut toujours être prouvé par témoins.

Le fait d'avoir reçu gratuitement dans sa cave quelques pièces de vins appartenant à un tiers, et que celui-ci a continué de faire soigner par son propre tonnelier, ne constitue qu'un simple prêt à usage de la part du propriétaire de la cave, et non point un dépôt de la part du propriétaire des vins. — En conséquence, celui-ci, en cas de saisie des biens du prêteur, est recevable, quelle que soit la valeur des vins, à prouver par témoin contre le saisissant, à quel titre ces vins se trouvent dans la cave du saisi. C'est ainsi que l'a jugé la cour de Colmar par un arrêt du 18 avril 1806.

DROIT ADMINISTRATIF.

DE L'INSCRIPTION DE FAUX DEVANT LE CONSEIL D'ÉTAT.

Celui qui prétend qu'une pièce signifiée, communiquée, ou produite dans le cours de la procédure, est fausse ou falsifiée, peut, s'il y échet, être reçu à s'inscrire en faux.

L'inscription de faux est la déclaration qu'une pièce authentique est fausse, et l'offre que l'on fait de le prouver.

En procédure ordinaire, le Code trace la marche à suivre dans cet incident (voir les art. 214 et suivants du Code de procédure); mais ceci, quoique se rattachant à notre question, est en dehors de notre sujet.

Nous avons à examiner ce que deviendra l'inscription devant le conseil d'État.

Nous tâcherons donc de voir :

1° Quelle est la compétence du conseil d'État;

2° Si l'inscription de faux peut être poursuivie devant lui;

3° Devant quel tribunal sera renvoyé cet incident;

4° Dans quels cas le conseil d'État devra suspendre le jugement principal ou le rendre.

COMPÉTENCE DU CONSEIL D'ÉTAT.

Quelques réflexions générales sur le caractère du pouvoir administratif seront nécessaires pour établir la compétence du conseil d'état. Le pouvoir administratif a deux modes d'action parfaitement distincts.

Tantôt son pouvoir est discrétionnaire, tantôt, au contraire, son pouvoir est limité, restreint par les dispositions d'une loi. De là, comme conséquence nécessaire, deux différents modes de décision répondront aux deux classes de réclamations différentes, dont l'instruction participera à cette différence.

La première de ces deux classes renfermera tout ce qui pourra être jugé d'une manière discrétionnaire ; c'est-à-dire tous les cas où les particuliers critiquant une mesure administrative ne peuvent s'appuyer sur un droit positif.

La seconde classe renfermera ce que nous nommerons la classe du contentieux. Dans cette seconde classe, il ne s'agit plus d'un simple intérêt, mais de droits résultant d'une loi, d'une ordonnance, d'un contrat ; les décisions seront alors de véritables jugements.

Le conseil d'État participera donc à ce double caractère du pouvoir administratif. Le conseil d'État aura donc une double juridiction discrétionnaire et contentieuse.

L'inscription de faux devant le conseil d'État appartient naturellement à cette seconde classe : à la classe contentieuse.

Voici comment M. de Cormenin résume les différentes attributions du conseil d'État :

Cour d'appel, il prononce en dernier ressort et définitivement sur le fond des matières.

Cour de souverain, il maintient pour le règlement des conflits, la division fondamentale du pouvoir administratif et judiciaire.

Cour de haute juridiction administrative, il balance et fixe la compétence entre les préfets, les conseils de préfecture et les ministres.

Cour de cassation, il casse soit les arrêts de la cour des comptes, pour vice de forme ou violation de la loi, soit les arrêtés des conseils de préfecture, dans le même intérêt, et sur la dénonciation du ministre.

Cour politique, il accorde ou refuse l'autorisation de mettre en jugement les agents de l'administration.

La compétence du conseil d'État étant ainsi fixée, voyons ce que deviendra l'incident d'inscription de faux devant cette juridiction. Cette question est une question de procédure.

La procédure devant le conseil d'État, en matière purement contentieuse, est réglée par le décret du 22 juillet 1806, dont les principales dispositions ont été tirées de l'ancien règlement du conseil de 1738 et du Code actuel de procédure civile (Foucard).

Voici la disposition du décret du 22 juillet 1806 relativement à l'inscription de faux devant le conseil d'État contenue dans l'art. 20 de ce décret.

Dans le cas de demande en inscription de faux contre une pièce produite, le grand juge fixera le délai dans lequel la partie qui l'a produite, sera tenue de déclarer si elle entend s'en servir.

Nous avons à signaler ici une différence avec la procédure civile.

En procédure civile la partie sommée a huit jours pour signifier si elle entend se servir ou non de la pièce arguée de faux.

Devant le conseil d'État, au contraire, aucun délai juridique n'est fixé d'une manière absolue; le délai est laissé à l'arbitraire du conseil d'État qui le fixe.

Si la partie ne satisfait pas à cette ordonnance, ou si elle déclare qu'elle n'entend pas se servir de la pièce, elle sera rejetée.

Si la partie fait la déclaration qu'elle entend se servir de la pièce, le conseil d'État statuera sur l'avis de la commission, soit en ordonnant qu'il sera sursis à la décision de l'affaire principale jusqu'après le jugement de faux par le tribunal compétent, soit en prononçant la décision définitive, si elle ne dépend pas de la pièce arguée de faux.

Ici le conseil d'État suit les errements de la procédure ordinaire.

Ainsi lorsque le conseil d'État pensera que la question de faux est de nulle importance dans l'affaire qui lui est soumise et ne peut influer en rien sur le jugement, le conseil d'État passera outre et rendra son jugement sans attendre l'issue de l'instance de l'inscription de faux.

Si, au contraire, la pièce arguée de faux est la base de la contestation, ou si l'influence de cette pièce sur le fond est réelle, le conseil d'État ordonnera qu'il sera sursis à la décision de l'instance principale jusqu'après le jugement de faux par le tribunal compétent.

Le tribunal compétent sera le tribunal de première instance; car il est nécessaire que cette instance incidente puisse jouir des avantages des deux degrés de juridiction dans l'éventualité d'un appel.

Alors dans l'instance de cet incident, on suivra les règles tracées par la procédure. Alors l'inscription de faux n'est plus qu'une inscription de faux ordinaire, soumise aux formalités tracées par le Code de procédure.

Ici finit notre tâche, car la juridiction exceptionnelle finit où le droit commun commence, et où la règle générale n'est plus écartée par l'exception.

FIN.

www.ingramcontent.com/pod-product-compliance
Lightning Source LLC
Chambersburg PA
CBHW060515200326
41520CB00017B/5045